Impressum
Verlag: BABADADA GmbH, Nedderfeld 112 , 22529 Hamburg
Geschäftsführer / Verlagsleitung: Harald Hof
Druck: Books on Demand GmbH, In de Tarpen 42, 22848 Norderstedt

Imprint
Publisher: BABADADA GmbH, Nedderfeld 112 , 22529 Hamburg, Germany
Managing Director / Publishing direction: Harald Hof
Print: Books on Demand GmbH, In de Tarpen 42, 22848 Norderstedt

學校

قوتابخانە

教室
除
دابەشکردن
186/2
黑板
تەختە
老師
مامۆستا
紙
کاغەز
書寫
نووسین
筆
پێنووس
辦公桌
مێزی نووسین
直尺
خەتکێش
書
کتێب
學生
خوێندکار

書包

چەواڵ

鉛筆盒

جانتای پێنووس

鉛筆

پێنووس

削鉛筆機

تیژکەرەوەی پێنووس

橡皮擦

ڕەشکەرەوە

畫板

پەدی نیگارکێشان

圖畫

نیگارکێشان

畫筆

فڵچەی ڕەنگ

顏料盒

قوتووی ڕەنگ

剪刀

مەقەست

膠水

چەسپ، کەتیرە

練習冊

کتێبی ڕاهێنان

家庭作業

کاری ماڵەوە

數字

ژمارە

加

زیدەکردن

減

کەمکردن

乘

لێکدان

計算

حسابکردن، ژماردن

字母

پیت

字母表

ئەلفوبێ

字

وشە

課文

نووسراوە، دەق

讀

خوێندنەوە

粉筆

گەچ

上課

خول، دەرس

登記

تۆمارکردن

考試

ئەزموون، تاقیکردنەوە

證書

بڕوانامە

校服

جلی قوتابخانە

教育

پەروەردە

百科全書

زانیاری نامە

大學

زانکۆ

顯微鏡

میکرۆسکۆپ

地圖

خەریتە، نەخشە

廢紙簍

سەبەتەی کاغەز

旅行

سەفەر

میوانخانە
外幣兌換處
نووسینگەی گۆڕینەوەی دراو
手提箱
جانتا، ساک
汽車

語言

زمان

是/否

بەڵێ / نەخێر

好的

باشە

您好

سڵاو

翻譯人員

وەرگێڕی دەق

謝謝

سپاس

……多少錢？

....

بەچەندە ...؟

我不明白

....

من تێناگەم

問題

....

کێشە

晚上好！

....

ئێوارە باش!

早上好！

....

بەیانی باش!

晚安！

....

شەو باش!

再見

....

ماڵئاوا، بەخێرچی

方向

....

ئاراستە، ڕێڕەو

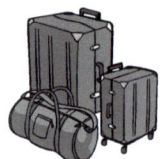

行李

....

جانتا

包

....

جانتا

背包

....

کۆڵەپشتی

客人

....

میوان

房間

....

ژوور، دیو

睡袋

....

کیسەخەو

帳篷

....

چادر، دەوار

旅行資訊

زانیاری بۆ گەشتیار

海灘

کەناراو

信用卡

کارتی قەرز

早餐

نانی بەیانی

午餐

نانی نیوەڕۆ

晚餐

نانی شەو

票

بلیت

電梯

ئاسانسۆر

郵票

پوول، تەمر

邊界

سنوور

海關

گومرک

大使館

باڵوێزخانە

簽證

ڤیزا

護照

پاسەپۆرت

交通運送

گواستنەوە

飛機
船
消防車
مەکینەی ئاگرکوژێنەوە
公車
پاس
卡車
لۆری
汽艇
بەلەمی ماتۆڕی
腳踏車
دووچەرخە، پایسکڵ
汽車
ئۆتۆمۆبیل

渡輪

کەشتی گواستنەوە

小船

بەلەمی ماتۆڕی

機車

ماتۆڕ

警車

ئوتومبێلی پۆلیس

賽車

ئوتومبێلی پێشبڕکێ

租車

ئۆتۆمۆبیلی کرێ

拼車

ئۆتۆمۆبیل هاوبەشکردن

拖車

لۆری ڕاکێشکردن

垃圾車

لۆری زبڵ

馬達

ماتۆڕ

汽油

سووتەمەنی

加油站

وێستگەی بەنزین

交通標識

تابڵۆی هاتووچۆ

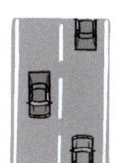

交通

هاتووچۆ

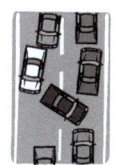

交通堵塞

ترافیک

停車場

شوێنی ڕاگرتنی ئۆتۆمۆبیل

火車站

وێستگەی شەمەندەفەر

軌道

هێڵی ئاسن

火車

شەمەندەفەر

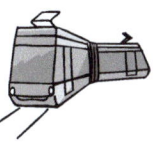

路面電車

قەتاری سەرشەقام

客車廂

داشقە

直升機

هەلیکۆپتەر

機場

فرۆکەخانە

塔

بورج

乘客

نەفەر

集裝箱

دەفر، کانتینەر

紙板箱

کارتۆن

手推車

داشقە

籃子

سەوەتە

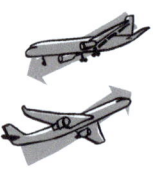

起飛/降落

هەڵفڕین / نیشتن

城市

شار

村莊

گوند، دێهات

市中心

ناوەندی شار

房子

ماڵ، خانوو

電影院
سینەما
廣告
ڕیکلام
CINEMA
路燈
چرای شەقام
街道
شەقام
計程車
تاکسی
小吃店
کیوسک
行人
پیادە
人行道
斑馬線
شوێنی پەڕینەوە
垃圾箱
دەفری زبڵ
十字路口
پەڕینەوەی بەردەباز
紅綠燈
چرای ترافیک

小屋

خانووچکە

公寓

نهۆم، باڵەخانە

火車站

وێستگەی شەمەندەفەر

市政廳

کۆشکی شارەوانی

博物館

مۆزەخانە

學校

قوتابخانە

大學

زانكو

銀行

بانك

醫院

نەخۆشخانە، خەستەخانە

飯店

میوانخانە، هۆتێل

藥房

دەرمانخانە

辦公室

نووسینگە، فەرمانگە

書店

کتێبفرۆشی

商店

دووکان

花店

گوڵفرۆشی

超市

سوپەرمارکێت

市場

بازار

百貨商店

فرۆشگا

魚店

ماسیفرۆش

購物中心

ناوەندی کڕین

海港

بەندەر

公園

پارک

長凳

کورسی درێژ

橋

پرد

樓梯

پێ پیلکان

捷運

ژێرزەوی

隧道

تونێل

公車站

وێستگەی پاس

酒吧

مەیخانە

餐館

ڕێستۆرانت

郵筒

سندووقی پۆست

路標

تابلۆی شەقام

停車計時器

پێوەری پارکینگ

動物園

باخچەی ئاژەڵان

游泳池

حەوزی مەلە

清真寺

مزگەوت

農場

مەزرا

污染

پیسبوونی ژینگە

墓地

قەبرستان، گۆڕستان

教堂

کەنیسە

操場

شوێنی یاری

寺廟

پەرستگا

地形

دیمەن

樹葉
گەڵا
指示牌
تابلۆی ڕێنیشاندەر
路
ڕێگا
草地
مێرگ
石頭
بەرد
樹
دار
徒步旅行者
شاخەوان
河
ڕووبار، چەم
草
گژوگیا
花
گوڵ

峽谷

دۆڵ، شیو

丘陵

بەرزایی

湖

دەریاچە

森林

دارستان

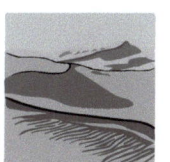

沙漠

چۆڵەوار

火山

بورکان

城堡

قەڵا

彩虹

کۆلکەزێڕینە

蘑菇

کارگ

棕櫚樹

دارخورما

蚊子

مێشوولە

蒼蠅

مێشوولە

螞蟻

مێروولە

蜜蜂

مێش هەنگوین

蜘蛛

جاڵجاڵووکە

甲蟲

قالۆنچه

青蛙

بۆق

松鼠

سمۆره

刺蝟

ژیشک

野兔

کەروێشکە کێوی

貓頭鷹

کوند

鳥

باڵەندە

天鵝

قازی سپی

野豬

بەرازی کێوی

鹿

ئاسک

麋鹿

بزنە کێوی

水壩

بەنداو

風力發電機

تۆربینی با

太陽能電池板

پەڕەی خۆری

氣候

ئاووهەوا

餐館

ڕێستۆرانت

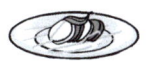

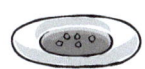

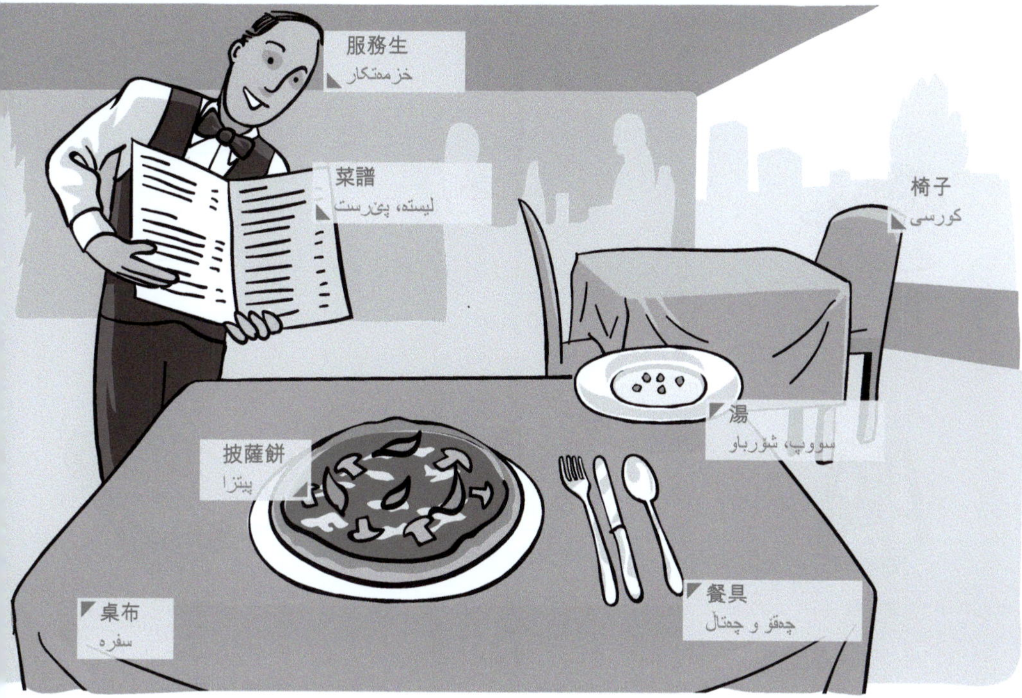

服務生
خزمەتکار
菜譜
لیستە، پێڕست
椅子
کورسی
湯
سووپ، شۆرباو
披薩餅
پیتزا
餐具
چەقۆ و چەتاڵ
桌布
سفرە

前菜

خواردنی دەستپێک

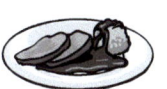

主菜

خواردنی سەرەکی

甜點

دێسێر

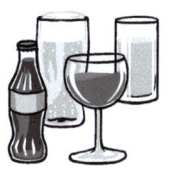

飲料

خواردنەوە

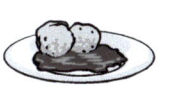

食物

خواردن

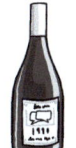

瓶子

بوتڵ

速食
خواردنی خێرا

街邊小吃
خواردنی سەرشەقام

茶壺
قۆری

糖盒
قوتووی شەکر

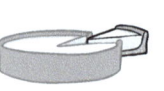

一份飯菜
بەش

義式咖啡機
ئامێری سازکردنی قاوەی ئێسپرێسۆ

高腳椅
کورسی بەرز

帳單
تێچوو

托盤
کەشەف

刀
چەقۆ

餐叉
چنگاڵ

勺子
کەوچک

茶匙
کەوچکی چا

餐巾
دەسماڵ

玻璃杯
لیوان، پەرداخ

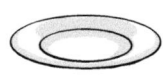

碟子

قاپ، دەوری، دەفر

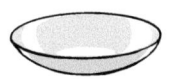

湯盤

قاپی شۆرباو

碟子

ژێرپیاڵە

醬

سۆس

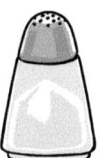

鹽瓶

خوێدان

胡椒研磨罐

هاڕەری بیبار

醋

سرکە

食用油

ڕۆن

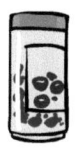

調味料

بەهارات

番茄醬

دۆشاوی تەمات، سۆسی تەماتە

芥末

سۆسی موستارد

美乃滋

سۆسی مایۆنێز

超市

سوپەرمارکێت

特價
داشکاندنی تایبەتی
顧客
مشتەری
乳製品
شیرەمەنی
水果
میوە
購物車
داشقە

肉鋪

دووکانی قەسابی

麵包店

نانەواخانە

稱重

کێشان

蔬菜

سەوزی

肉

گۆشت

冷凍食品

خواردنی بەستوو

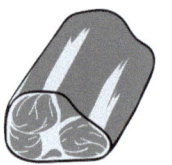

冷盤

گۆشتی سارد

罐頭食品

خواردنی کۆنسێرو

洗衣粉

دەرمانی بشۆر

甜食

شیرینی

日用品

بەرهەمی خۆماڵی

清潔用品

بەرهەمی خاوێنکردنەوە

銷售員

فرۆشیار

收銀機

ژمێرەر

收銀員

ژمێریار، خەزەندار

購物清單

لیستی کڕین

開放時間

کاتی دەوام

錢包

کیسەباخەڵ، جزدان

信用卡

کارتی قەرز

袋子

توورەکە، کیسە

塑膠袋

توورەکە

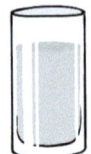

飲料

خواردنەوە

水

ئاو

果汁

شەربەت

牛奶

شیر

可樂

خەڵووز

紅酒

شەراب

啤酒

بیرە

酒

ئەلکوّل

可可

کاکاو

茶

چایی، چا

咖啡

قاوە

義式濃縮咖啡

قاوەی ئێسپرەسۆ

卡布奇諾

کاپۆچینۆ

香蕉

مۆز

蘋果

سێو

柳丁

پرتەقاڵ

西瓜

کاڵەک

檸檬

لیمۆ

胡蘿蔔

گێزەر

大蒜

سیر

竹子

حەیزەران

洋蔥

پیاز

蘑菇

کارگ

堅果

سەموونە، گوێز، ناوکە

麵條

نوودڵ

義大利麵

ماكارۆنی

米飯

برنج

沙拉

زەلاتە

薯條

چپس

炸馬鈴薯

پەتاتەی برژاو، پەتاتەی سوورۆکراو

披薩餅

پیتزا

漢堡

هەمبرگەر

三明治

ساندویچ، دۆندرمە

炸豬排

پارچە گۆشت

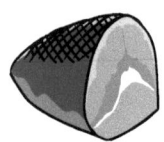

火腿

گۆشتی بەراز

義大利臘腸

گۆشتی بەراز

香腸

سۆسیس

雞肉

مریشک

烤肉

برژاندن، نرژان

魚

ماسی

燕麥片

....

شۆرباوی ساوار

木斯里

....

دانەوێڵەی تێکەڵ

玉米片

....

دانەی دانەوێڵە

麵粉

....

ئارد

牛角麵包

....

کرۆسانت، نانێکی فەرەنسی

麵包捲

....

نانی خڕ

麵包

....

نان

吐司

....

نانی برژاو

餅乾

....

بسکیت

奶油

....

کەرە، ڕۆنی کەرە

凝乳

....

سەرتوێژ، توێژ

蛋糕

....

کەیک

蛋

....

هێلکە

煎蛋

....

هێڵکەی برژاو

起司

....

پەنیر

冰淇淋

بەستەنی، دۆندرمە

糖

شەکر

蜂蜜

هەنگوین

果醬

مرەبا

巧克力醬

خامەی نۆگات

咖哩

بەهارات

農場

مەزرا

کۆخ (ماڵ لە مەزرا)
糧倉
稻草捆
کڵۆشی کا
田野
مەزرا
馬
ئەسپ
拖拉機
تراکتۆر
拖車
ماڵی سەفەری
馬駒
جوانوو
驢
کەر، گوێدرێژ
羊
مەڕ
羔羊
بەرخ

山羊

بزن

奶牛

مانگا

小牛

گوێلک

豬

بەراز

小豬

فەرخە بەراز

公牛

جوانەگا

鵝

قاز

鴨

مراوی

小雞

جووچک

母雞

مریشک

公雞

کەڵەشێر

鼠

جرج

貓

پشیلە

老鼠

مشک

牛

گا

狗

سە، سەگ

狗屋

کونە سە

花園澆水軟管

سۆندە

澆水壺

تونگمی ئاودان

長柄大鐮刀

ماڵەغان

犁

گاسن

鐮刀

داس

鋤頭

مەڕە

長柄草耙

شەنە

斧頭

تەور

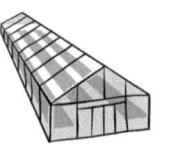

獨輪手推車

عارەبانەی دەستیی

飼料槽

دەفری خواردنی ئاژەڵان

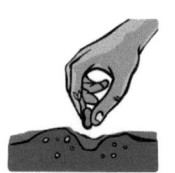

牛奶罐

دەفری شیر

麻布袋

تەلیس

柵欄

پەرژین

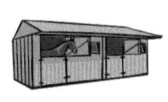

馬廄

تەویلە

溫室

گوڵخانە

土壤

خۆڵ

種子

دەنک، تۆو

肥料

پەین

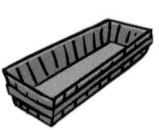

聯合收割機

کۆمباین

收割

دروێنەکردن

收割

خەرمان

地瓜

پەتاتە

小麥

گەنم

大豆

لووبیا، فاسۆلیا

土豆

پەتاتە

玉米

گەنمەشامی

油菜籽

جۆرێک دەخڵودان

果樹

داری بەری

樹薯

سێوبنەعەرزیلە

穀物

دانەوێڵەی تێکەڵ

房子

ماڵ، خانوو

دووکەڵکێش
屋頂
落水管
بۆری ئاو
窗戶
پەنجەرە
車庫
گەراژ
門鈴
زەنگی دەرگا
門
دەرگا
垃圾桶
دەفری زبڵ
信箱
سندووقی نامە
花園
باخ

客廳

ژووری دانیشتن

浴室

حەمام، ئاودەستخانە

廚房

چێشتخانە

臥室

ژووی خەو

兒童房

ژووری منداڵ

餐廳

ژووری نانخوارن

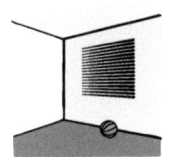

地板

داڵان، ئەرز

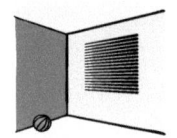

牆壁

دیوار

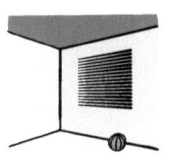

天花板

بن میچ

地窖

ژێرزەمین

三溫暖

ساونا

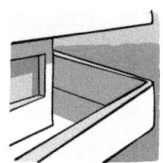

陽臺

باڵکۆن، هەیوان

露臺

هەیوان

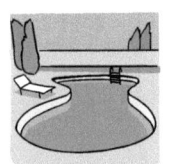

游泳池

حەوز، مەلەوانگە

割草機

گژوگیابڕ

被單

مەلافە

床罩

مەلافەی نوێن

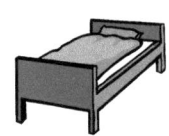

床

پێخەف، نوێن

掃帚

گسک

水桶

سەتڵ

開關

سویچ، کلیل

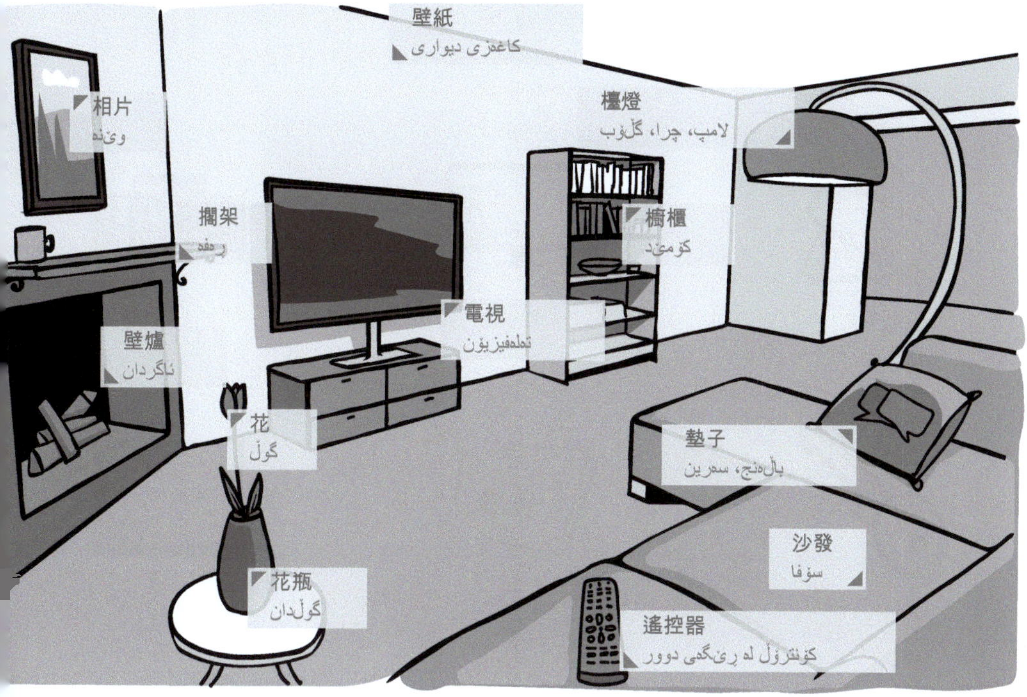

客廳

ژووری دانیشتن

壁紙
کاغەزی دیواری
相片
لامپ، چرا، گڵۆپ
擱架
櫥櫃
電視
تەلەفیزیۆن
壁爐
ئاگردان
花
墊子
باڵەنج، سەرین
沙發
花瓶
遙控器

地毯

فەرش

窗簾

پەردە

餐桌

مێز

椅子

کورسی

搖椅

کورسی ڕاژاندن

扶手椅

کورسی دەسکدار

書

کتێب

毯子

پەتوو، بەتانی

裝飾品

ڕازاندنەوە

木柴

داری سووتاندن

電影

فیلم

高傳真音響

ستێریۆ

鑰匙

کلیل

報紙

ڕۆژنامە

油畫

نیگار، نیگارکێشان

海報

پۆستەر

收音機

ڕادیۆ

筆記本

تیانووس

吸塵器

گسکی کارەبایی

仙人掌

کاکتووس

蠟燭

مۆم

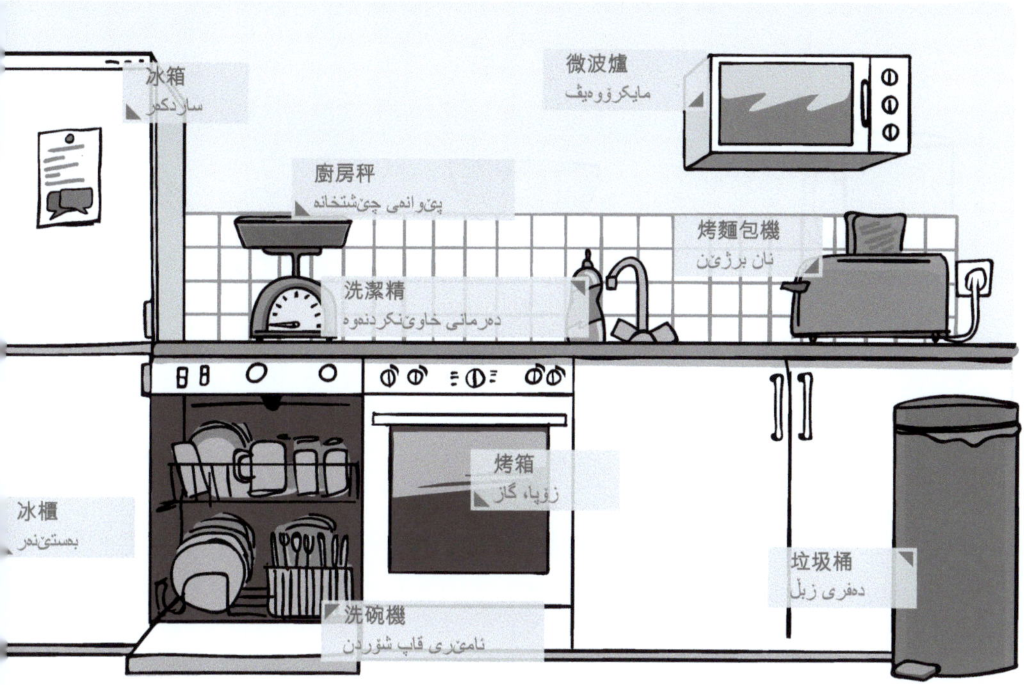

冰箱
ساردکەر
微波爐
مایکرۆوەیڤ
廚房秤
پێوانەی چێشتخانە
烤麵包機
نان برژێن
洗潔精
دەرمانی خاوێنکردنەوە
烤箱
زۆپا، گاز
冰櫃
بەستێنەر
垃圾桶
دەفری زبڵ
洗碗機
ئامێری قاپ شۆردن

炊具

چێشتلێنەر

鍋

مەنجەڵ

鑄鐵鍋

قاپی ئوتوو

炒鍋

تاوەی قووڵ

平底鍋

تاوە

水壺

کتری، ئاوگەمکەر

廚房 - چێشتخانە 35

蒸鍋

چێشتلێنەری هەڵمی

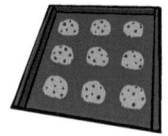

烤盤

کەشەفی نانکردن

陶瓷鍋

قاپ و قاچاغ

馬克杯

کۆپ

碗

قاپ

筷子

چیلکەی نانخواردن

長柄勺

ئەسکوێ

鏟子

کەوگیر

攪拌器

گسک

濾網

سووزمە

篩子

بێژنگ

磨碎機

ئامێری جنینی پەنیر و سەوزە

研缽

دەستار

燒烤

برژاندن

明火

ئاگر

菜板

تەختەی وردکردن

擀麵杖

تیرۆک

開瓶器

بورغی فلین

罐子

قوتوو

開罐器

قوتووکەرەوە

隔熱手套

دەسرەی مەنجەڵ

水槽

دەسشۆر

刷子

فڵچە

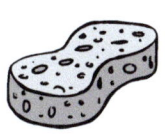

海綿

ئیسفەنج

攪拌機

تێکەڵکەر

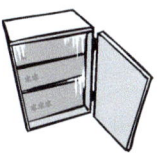

冷藏箱

قەرەسی

奶瓶

شووشە شیر

水龍頭

شێری ئاو

浴室

حەمام، ئاودەستخانە

淋浴
دووشی ئاو، خورژم
供暖裝置
زۆپا/گەرمکەر
毛巾
خاولی
浴簾
پەردەی حەمام
泡沫浴
کەفی حەمام
浴缸
حەوزی حەمام
玻璃杯
لیوان، پەرداخ
洗衣機
ئامێری دەفرشوتن
水龍頭
瓷磚
کاشی
便壺
ئاودەستی منداڵان
水槽
دەسشۆر

廁所

ئاودەست، توالێت

蹲便器

توالێتی نزم، ئاودەست

坐浴器

جۆرێک توالێت

小便斗

توالێت، ئاودەست

廁紙

کاغەزی ئاودەستخانە

馬桶刷

فڵچەی ئاودەستخانە

牙刷

فڵچەی ددان

牙膏

خەمیری ددان

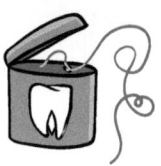

牙線

بەنی ددان

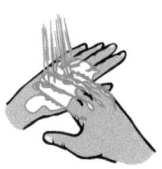

洗

شۆردن، شوتن

手持式蓮蓬頭

خورژمی دەستی

沖洗器

دووش

洗臉盆

کاسەی دەستوچاوشوتن

洗背刷

فڵچەی پشت

肥皂

سابوون

沐浴露

جێڵی خۆشوتن

洗髮乳

شامپۆ

法蘭絨

فلانێل

排水

ئاوەڕۆ

乳霜

کرێم

除臭劑

بۆنخۆشکەرە

鏡子

ئاوێنە

手鏡

ئاوێنەی دەستی

刮鬍刀

مەکینەی ڕیش تاشین

刮鬍泡沫

سابوونی ڕیش تاشین

鬍後水

کرێمی دوای ڕیش تاشین

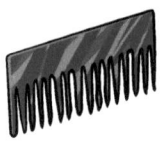

梳子

شانە

刷子

فڵچە

吹風機

سێشوار، سەرئیشککەرەوە

噴髮定型劑

سپرەی قژ

化妝品

سووراوسپیاو

唇膏

سووراو

指甲油

ڕەنگی نینۆک

化妝棉

لۆکە

指甲剪

مەقەستی نینۆک

香水

عەتر

洗漱包

کیسەی حەمام

凳子

کورسی بێ پشت

計重秤

پێوەر

浴袍

خاولی حەمام

橡膠手套

دەستەوانەی چەرم

衛生棉條

تامپۆن

衛生棉

خاولی خاوێنکردنەوە

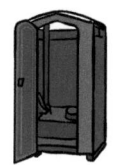

化學廁所

ئاودەستی کیمیایی

兒童房

ژووری منداڵ

鬧鐘
سەعاتی زەنگدار
毛絨玩具
گەمەی شیرن
玩具車
ماشێنی یاری
撥浪鼓
玩具屋
خانووی بووکەشووشە
禮物
دیاری

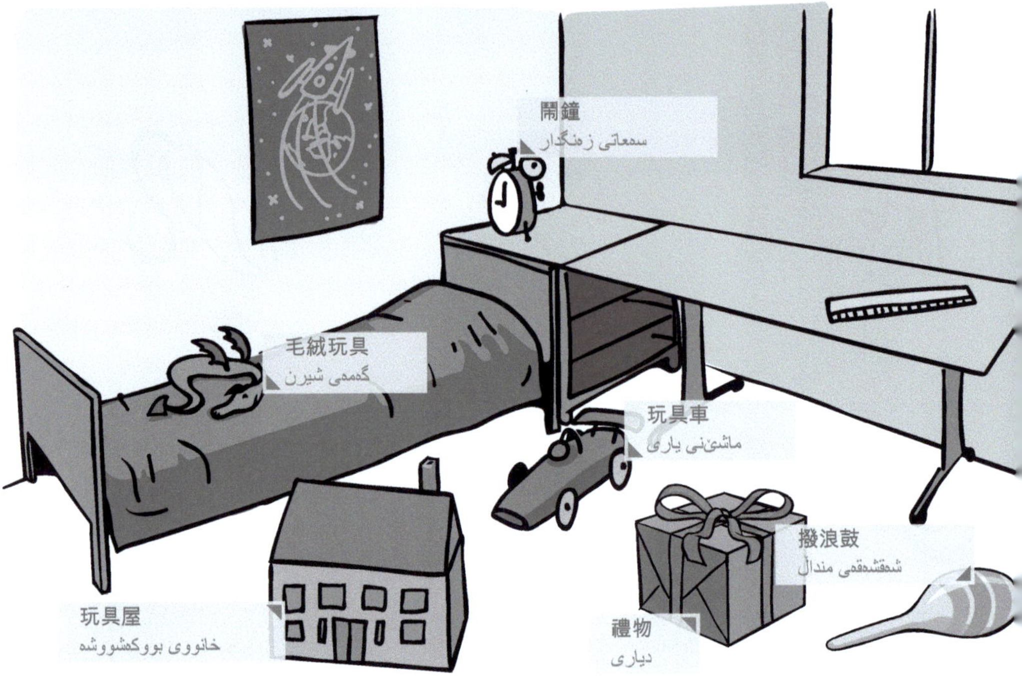

氣球

بالۆن

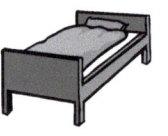

床

پێخەف، نوێن

嬰兒車

داشقەی منداڵ

撲克牌

گەمەی کارت

拼圖

مەتەڵ، مەتەڵۆک

漫畫

کۆمیدی

樂高積木

خشتی لێگۆ

積木玩具

خشتی یاری

公仔

بووکە شووشە

嬰兒服

جلی منداڵ

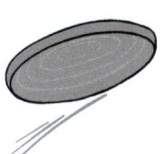

飛盤

یاری فریزبی

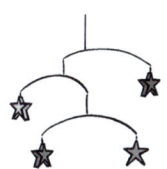

床鈴玩具

بزۆک، جووڵێنراو

棋盤遊戲

یاری تەختە

骰子

مۆرە

火車模型

مۆدێلی شەمەندەفەر

安撫奶嘴

مەمکە مژە

派對

میوانی، جەژن

繪本

کتێبی وێنەدار

球

تۆپ

洋娃娃

بووکەشووشە

玩

کایە کردن، یاری کردن

沙坑

قۆرتی خیزوخۆڵ

鞦韆

جۆلانە

玩具

کایەی منداڵان، یاری منداڵان

電玩遊戲

گەمەی ویدیۆیی

三輪車

سێچەرخە

泰迪熊

ورچی یاری

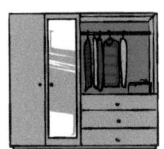

衣櫃

کەنتۆر

衣服
جلوبەرگ

襪子

گۆرەوی

長襪

گۆرەوی درێژ

緊身褲

گورەوی درێژ

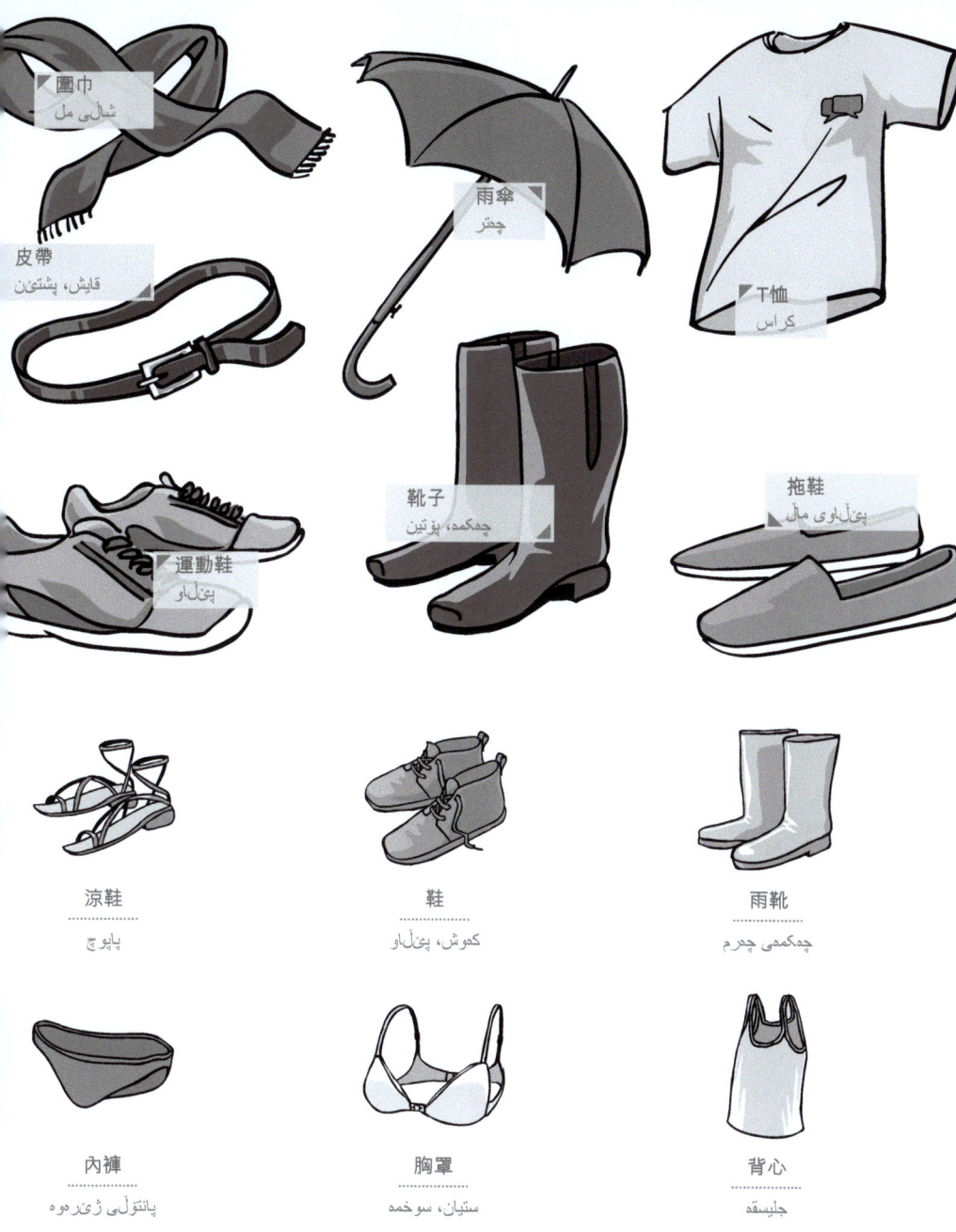

圍巾

雨傘

T恤
کراس

皮帶
قایش، پشتێن

運動鞋

靴子

拖鞋

涼鞋

پاپوچ

鞋

کەوش، پێڵاو

雨靴

چەکمەی چەرم

內褲

پانتۆڵی ژێرەوە

胸罩

ستیان، سوخمە

背心

جلیسقە

身體

جەستە، لەش

褲子

پانتۆڵ

牛仔褲

پانتۆڵ

短裙

دامەن، تەنوورە

女式襯衫

کراس

襯衫

کراس

套頭衫

بلووز

連帽上衣

بلووز

西裝夾克

چاکەت

夾克

چاکەت

外套

باڵتە

雨衣

بارانی

套裝

پۆشاک

連衣裙

کراسی ژنانە

婚紗

جلی زەماوەند

西裝

چاکەت و پانتۆڵ

睡袍

جلی خەو

睡衣

جلی خەو

莎麗

ساری

頭巾

لەچکە

包頭巾

جەمەدانە، سەرپێچ

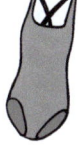

波卡

بۆرکا

卡夫坦

کەفتان

(阿拉伯式)長袍

عەبا

泳衣

جل و بەرگی مەلەکردن

男式泳褲

پانتۆڵی مەلە

短褲

پانتۆڵی کورت

運動服

جلوبەرگی ڕاهێنان

圍裙

بەروانکە، بەرکوشە

手套

دەستەوانە

鈕扣

دوگمه

眼鏡

چاویلکه

手鏈

بازنه

項鍊

ملوانکه

戒指

ئەنگوستیله

耳環

گواره

便帽

کڵاو

衣架

داری جل هەڵواسین

帽子

کڵاو

領帶

بۆینباخ

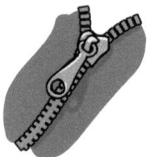

拉鍊

زیپ

安全帽

کڵاوی پارێزەر

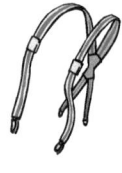

背帶

هەڵگر

校服

جلی قوتابخانه

制服

یەکپۆش

圍兜

بەرلیکە، بەرکۆشی منداڵ

安撫奶嘴

مەمکە مژە

尿布

دایبی، پەڕۆشۆر

辦公室

نووسینگە، فەرمانگە

伺服器
檔案櫃
印表機
چاپکەر
紙
کاغەز
螢幕
مۆنیتۆر، پیشانگەر
滑鼠
ماوس
مێزی نووسین
資料夾
بۆخچە
鍵盤
تەختەکلیل
廢紙簍
سەبەتەی کاغەز
電腦
کۆمپیوتەر
椅子
کورسی

咖啡杯

کۆپی قاوە

計算機

ژمێرەر

網際網路

ئینتەرنێت

筆記型電腦

لەپتۆپ

信件

نامە

簡訊

پەیام

行動電話

موبایل، تەلەفۆنی دەست

網路

تۆڕ

影印機

ئامێری لەبەرگرتنەوە، کۆپیکەر

軟體

نەرمەکالا

電話

تەلەفۆن

插座

ساکێتی دووشاخە

傳真機

ئامێری فەکس

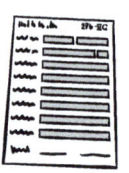

表格

فۆرم

檔案

بەڵگە

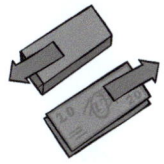

買

کڕین

付錢

پارەدان

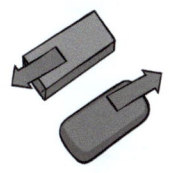

交易

بازرگانی، ئاڵوگۆڕکردن

現金

پارە، دراو

美元

دۆلار

歐元

یۆرۆ

日元

یەن

盧布

ڕوبڵی ڕووسی

瑞士法郎

فرانکی سویسی

人民幣

یوان، یەکەی دراوی چینی

盧比

ڕووپییە

提款處

مەکینەی پارە

外幣兌換處

نووسینگەی گۆڕینەوەی دراو

金

زێڕ

銀

زیو

石油

نەوت

能源

وزە

價格

بەها، نرخ

合約

ڕێکەوتننامە

稅金

باج

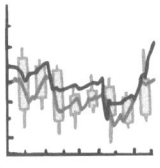

股票

سەهام

工作

کارکردن

職員

کارمەند، کارکەر

老闆

خاوەنکار

工廠

کارخانە

商店

دووکان

職業

ئیشەکان

警官
فەرمانبەری پولیس
消防員
ئاگرکووژێنەر
廚師
醫師
دکتور
飛行員
فڕۆکەوان

園丁

باخەوان

木匠

دارتاش، مەرەنگوێز

裁縫

خەییات

法官

دادوەر

化學家

کیمیازان

演員

شانۆگەر، شانۆکار

公車司機

شۆفیری پاس

計程車司機

شۆفیر تاکسی

漁夫

ماسیگر

清洗女工

کڵفەت

屋頂工

وەستای سەربان

服務生

خزمەتکار

獵人

ڕاوچی

畫家

بۆیاخچی

麵包師

نانکەر

電工

کارەباچی

建築工人

بەننا

工程師

ئەندازیار

屠夫

قەساب

水管工

وەستای بۆری

郵差

پۆستەچی

士兵

سەرباز

建築師

نەخشەکێش

收銀員

ژمێریار، خەزەندار

花農

گوڵفرۆش

理髮師

ئارایشگەر

售票員

گەیێنەر

機械技師

میکانیک

船長

کەشتیوان

牙醫

ددانساز، دوکتوری ددان

科學家

زانا

拉比

مەڵای جوولەکان

伊瑪目

ئیمام

和尚

کەسی ئایینی

牧師

قەشە

工具
ئامراز و کەرەستە

鐵錘
چەکووش
鉗子
پلایز
螺絲起子
پێچبادەر
扳手
جەڕەبادەر
手電筒
مەشخەڵ

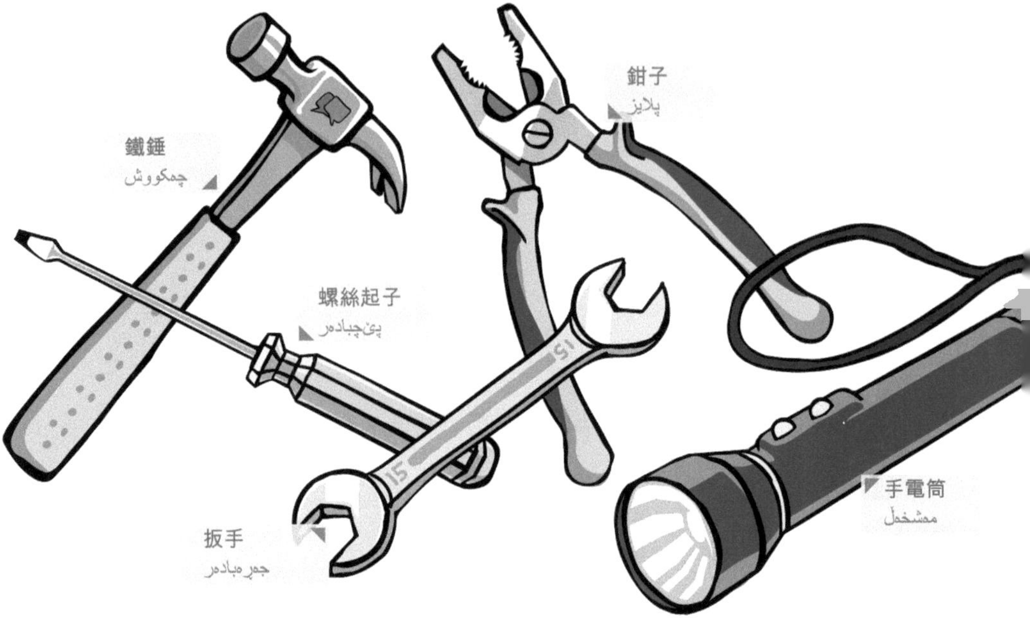

挖掘機

شۆفڵ

工具箱

سندووقی ئامراز

梯子

پەیژە

鋸子

مشار

釘子

بزمارەکان

鑽機

کونکەرە

修
....
چاککردنهوه

鏟子
....
پێڵمەرە

糟糕！
....
نەفرەت!

畚箕
....
خاکهناز

油漆桶
....
قەتووی بۆیاخ

螺絲
....
پێچمکان، جەمرمکان

揚聲器
قسمکەر، بڵندگو

打擊樂器
تاقمئ تەپڵ

吉他
گیتار

低音提琴
جۆرئ گیتار

小號
زوڕنا

鋼琴

پیانۆ

小提琴

کەمانچە

貝斯

گیتار

定音鼓

دەهۆڵ

鼓

تەپڵ

電子琴

تەختەکلیل

薩克斯風

ساکسافۆن

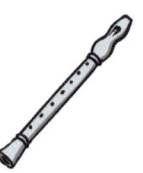

長笛

فلووت، شمشاڵ

麥克風

مایکرۆفۆن

入口
ئاقدەر، دەروازە
老虎
籠子
قەفەز
斑馬
کەرەکێوی
خواردنی ئاژەڵان
熊貓
ورچی پاندا

動物

ئاژەڵەکان

大象

فیل

袋鼠

کانگۆرۆ

犀牛

کەرکەدەن

大猩猩

گۆریلا

熊

ورچ

駱駝

وشتر

鴕鳥

وشترمریشک

獅子

شێر

猴子

مەیموون

紅鶴

فلامینگۆ

鸚鵡

تووتی

北極熊

ورچی جەمسەری

企鵝

پێنگوین

鯊魚

قرش، سەگەماسی

孔雀

تاووس

蛇

مار

鱷魚

تیمساح

動物園管理員

پارێزەری باخچەی ئاژەڵان

海豹

سەگی دەریایی

美洲豹

پڵینگ

矮種馬

ئەسپی قەزەم

豹

پشیلەی پڵینگی

河馬

ئەسپی ئاوی

長頸鹿

زەرافە

老鷹

هەڵۆ

野豬

بەرازی کێوی

魚

ماسی

龜

کیسەڵ

海象

واڵڕاس، ئاژەڵێکی دەریایی

狐狸

ڕێوی

羚羊

ئاسک

橄欖球
تۆپىيەى ئەمرىكى

騎腳踏車
دووچەرخەى خورين

網球
تێنىس

籃球
تۆپى باسكە

游泳
مەلەكردن

拳擊
بۆكسىن

冰球
هۆكى سەر سەهۆڵ

美式足球

فووتبۆل

羽毛球

بەدمىنتۆن

田徑

وەرزشوان

手球

هەمدبال

滑雪

خلیسکێن

馬球

پۆلۆ

چالاکیەکان

跳
بازکردن
擁抱
لەباوەشگرتن، لەئامێزگرتن
笑
پێکەنین
走路
بەڕێداڕۆیشتن، پیاسەکردن
唱
گۆرانی خوێندن
做夢
خەون دیتن، خەون بینین
祈禱
پاڕانەوە، نوێژکردن
親吻
ماچکردن

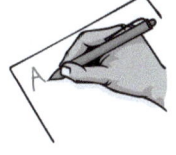

書寫

نووسین

畫

وێنەکێشان

展示

نیشاندان

推

پاڵ پێوەنان

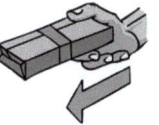

給

دان

拿

هەڵگرتن

有

هەبوون

做

کردن

當

بوون

站

ڕاوەستان

跑

هەڵاتن

拉

کێشان

丟

هاویشتن

摔倒

کەوتن

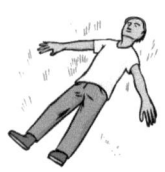

躺

درێژکردن

等待

چاوەڕێبوون

攜帶

هەڵگرتن

坐

دانیشتن

穿衣

جل لەبەرکردن

睡覺

خەوتن

醒來

لەخەوهەستان

看

چاولێکردن

哭

گریان

撃

جەڵتەلێدان

梳頭

قژداهێنان، شانەکردن

交談

قسەکردن

明白

تێگەیشتن

問

پرسیارکردن، پرسین

聽

گوێڕاگرتن

喝

خواردنەوە

吃

خواردن

清理

ڕێکوپێک کردن

愛

خۆشویستن

做飯

چێش لێنان

開車

شۆفێریکردن

飛

فڕین

航行

کەشتیوانی

計算

حسابکردن، ژماردن

讀

خوێندنەوە

學習

فێربوون

工作

کارکردن

結婚

زەماوەندکردن

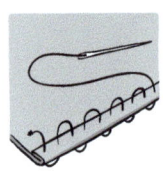

縫

دورین، دورومانکردن

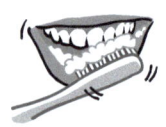

刷牙

فڵچە لەددان دان

殺

کوشتن

抽菸

جگەرەکێشان

寄

ناردن

祖母
دایمگەورە

嬰兒
منداڵی ساوا

祖父
باومگەورە

母親
دایک

父親
باوک، باب

兒子
کوڕ

女兒
کچ

客人
میوان

阿姨
پوور

叔叔
مام، خاڵ

兄弟
برا

姐妹
خوشک

身體

جەستە، لەش

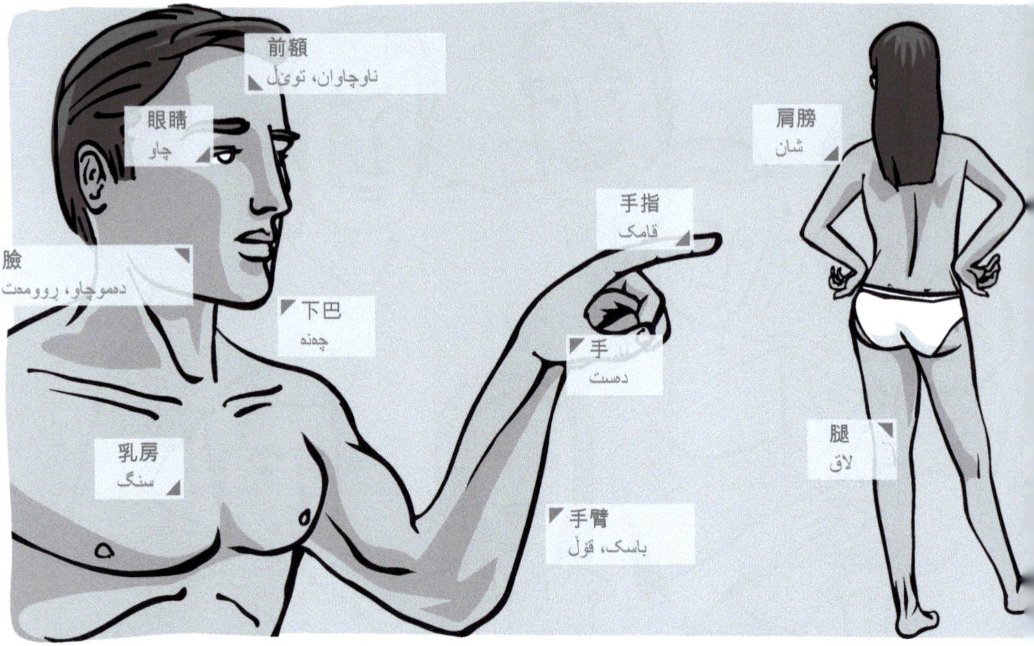

前額
ناوچاوان، تویَل
眼睛
چاو
臉
دەموچاو، ڕوومەت
下巴
چەنە
乳房
سنگ
手指
قامک
手
دەست
手臂
باسک، قۆڵ
肩膀
شان
腿
لاق

嬰兒

مندالّی ساوا

男人

پیاو

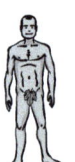

女人

ژن

女孩

کچ

男孩

کوڕ

頭

سەر

背部

پشت

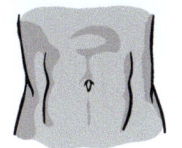

肚子

زگ

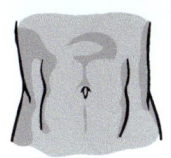

肚臍

ناوک

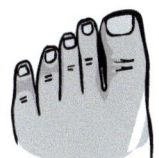

腳趾

قامکی پێ

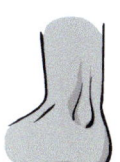

腳後跟

پاژنەی پێ

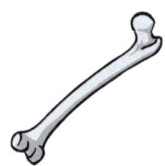

骨頭

ئێسقان، ئێسک

臀部

سمت

膝蓋

ئەژنۆ

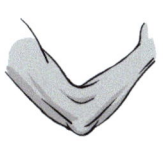

手肘

ئانیشک

鼻子

لووت

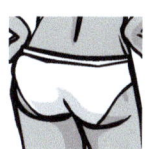

屁股

قوون

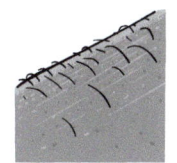

皮膚

پێست

臉頰

گوپ

耳朵

گوێ

嘴唇

لێو

嘴

دەم، زار

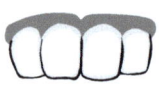

牙齒

ددان

舌頭

زمان

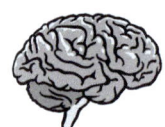

腦

مێشک

心臟

دڵ

肌肉

ماسوولکە

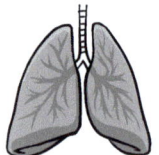

肺

سیپەلاک، سی

肝臟

جەرگ

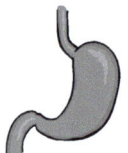

胃

گەدە

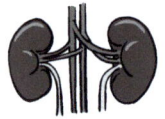

腎臟

گورچیلە

性交

سێکس

保險套

کۆندۆم

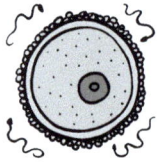

卵子

تۆو، گەرا

精子

تۆو

懷孕

دووگیانی

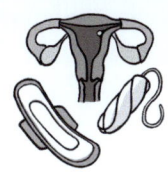

月事

كەوتنە سەر خوێن

陰道

زێ

陰莖

كێر

眉毛

برۆ

頭髮

قژ

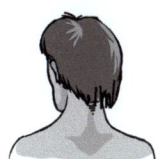

脖子

مل

醫院

نەخۆشخانە، خەستەخانە

急救車
ئامبولانس
輪椅
کورسی کەمئەندامان
骨折
شکانی ئێسک

醫師

دکتۆر

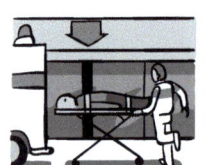

急診室

ژووری فریاکەوتن

護理師

نەخۆشوان

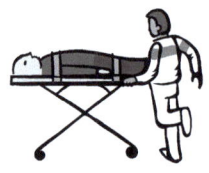

緊急情形

ئورژانس، بەشی فریاکەوتن

昏迷

بێهۆش

痛

ژان، ئێش

受傷

بریندارى

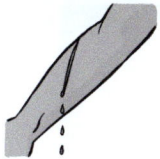

出血

خوێنرێژی

心臟病發作

جەڵتەی دڵ

中風

جەڵتە

過敏

ئالێرژی، هەستیاری

咳嗽

کۆخە

發燒

تا

流感

ئەنفلۆنزا

腹瀉

زگچوون

頭痛

سەرێشە، ژانەسەر

癌症

سەرەتان

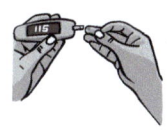

糖尿病

شەکرە

外科醫師

نەشتەرگەر

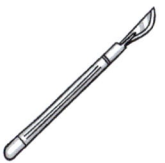

手術刀

نەشتەر، چەقۆی توێکاری

手術

نەشتەرگەری

電腦斷層掃描

CT

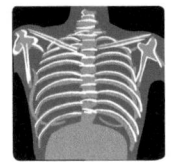

X光

تیشکی ئێکس

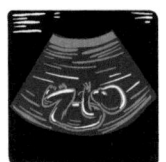

超音波

ئولتراساوند

口罩

ماسکی ڕوومەت

疾病

نەخۆشی

候診室

ژووری چاوەڕێبوون

拐杖

گۆچان

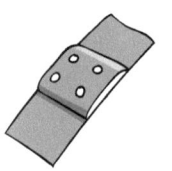

石膏

مشەما

繃帶

برین پێچ

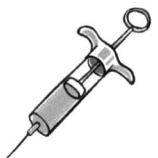

注射

دەرزی لێدان

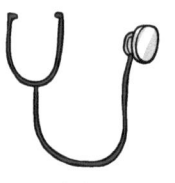

聽診器

بیستۆکی پزیشک

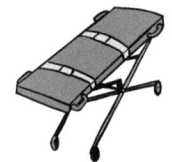

擔架

داربەست

體溫計

گەرماپێوی کلینیکی

出生

لەدایکبوون

超重

زیادەکێشی/قەڵەوی

助聽器

بیستۆک

消毒液

میکرۆبکوژ

感染

چڵک

病毒

ویروس

愛滋病

ئەیدز

藥物

دەرمان

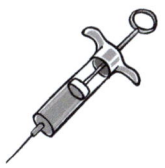

接種疫苗

کوتان

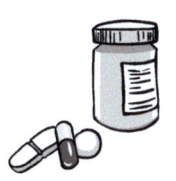

藥片

حەب

藥丸

حەب

急救電話

تەلەفۆنی فریاکەوتن

血壓計

پیشانگەری پەستانی خوێن

生病/健康

نەخۆش / سڵامەت

緊急情形

ئورژانس، بەشی فریاکەوتن

救命！

یارمەتی!

警報

ئاگادارکردنەوە، ئەلارم

突擊

دەستدرێژی

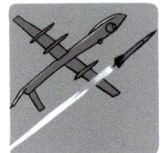

攻擊

هێرشکردن

危險

مەترسی

緊急出口

چوونەدەرەوەی ئورژانس

失火了！

ئاگر!

滅火器

ئاگرکوژێنەوە

意外

ڕووداو، پێشهات

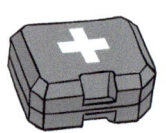

急救箱

قوتووی یارمەتی فریاکەوتن

呼救訊號

SOS

員警

پولیس

地球

ئەرز، زەوی

歐洲

ئەورۆپا

北美洲

ئەمریکای باکوور

南美洲

ئەمریکاری باشوور

非洲

ئافریقا

亞洲

ئاسیا

澳洲

ئوسترالیا

大西洋

ئەتڵەسی، ئۆقیانووسی ئەتڵەسی

太平洋

زەریای هێمن

印度洋

ئۆقیانووسی هیندی

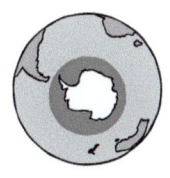

南冰洋

ئۆقیانووسی جەمسەری باشوور

北冰洋

ئۆقیانووسی جەمسەری باکوور

北極

جەمسەری باکوور

南極

جەمسەری باشوور

南極洲

ناوچەی جەمسەری باشوور

地球

ئەرز، زەوی

陸地

خاک، وشکانی

海

دەریا، زەریا

島

دوورگە

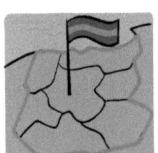

國家

گەل، نەتەوە

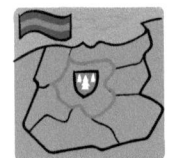

州

وڵات، پارێزگا، دەوڵەت

鐘錶

کاتژمێر

錶盤

روخساری کاتژمێر

時針

نیشاندەری کاتژمێر

分針

نیشاندەری خولەک

秒針

دەستی دوو

現在幾點？

کاتژمێر چەندە؟، سەعات چەندە؟

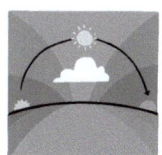

天

ڕۆژ

時間

کات، زەمان

現在

ئێستا، هەنووکە

電子錶

کاتژمێری دیجیتاڵی

分

خولەک

時

کاتژمێر

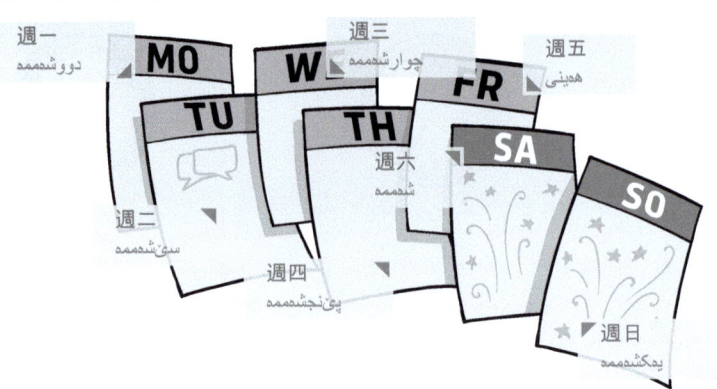

週

هەفتە

دووشەممە
MO
週二
سێشەممە
TU
週三
چوارشەممە
W
週四
پێنجشەممە
TH
週五
هەینی
FR
週六
شەممە
SA
週日
یەکشەممە

1

昨天

دوێنێ

2

今天

ئەمڕۆ، ئەوڕۆ

3

明天

سبەینێ

早晨

بەیانی

中午

نیوەڕۆ

晚上

ئێوارە

MO TU WE TH FR SA SU
1 2 3 4 5 6 7
8 9 10 11 12 13 14
15 16 17 18 19 20 21
22 23 24 25 26 27 28
29 30 31 1 2 3 4

工作日

ڕۆژی کار

MO TU WE TH FR SA SU
1 2 3 4 5 6 7
8 9 10 11 12 13 14
15 16 17 18 19 20 21
22 23 24 25 26 27 28
29 30 31 1 2 3 4

週末

کۆتایی هەفتە

雨
باران

彩虹
كۆلكەزێرینه

風
بازكردن

雪
بەفر

春
بهار

夏
هاوین

秋
پاییز

冬
زستان

天氣預告
پێشبینی هەوا

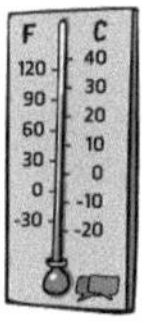

溫度計
گەرماپێو

陽光
خۆرەتاو

雲
هەور

霧
تەمومژ

潮濕
تەڕایی

閃電

ھەورەتریشقە، بروسکە

打雷

ھەورمگرمە

風暴

باوبۆران، تۆفان

冰雹

تەرزە

季風

مانسوون

洪水

لافاو

冰

سەهۆڵ

一月

جانیموەری

二月

فێبریوەری

三月

مارچ

四月

ئەیپریل

五月

مەی

六月

جوون

七月

جوولای

八月

ئۆگۆست

九月

سێپتەمبەر

十月

ئۆکتۆبەر

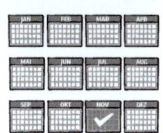

十一月

نۆڤەمبەر

十二月

دێسەمبەر

形狀

شێوەکان

圓形

بازنە

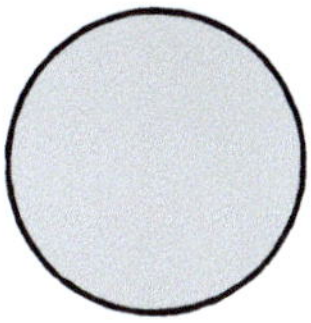

正方形

چوارگۆشە

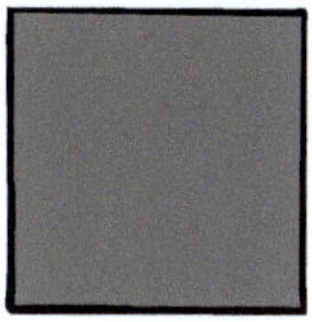

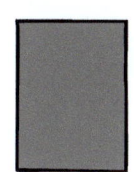

長方形

چوارگۆشەی درێژ

三角形

سێگۆشە

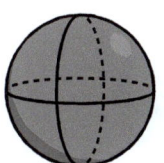

球體

تۆپ، گۆ

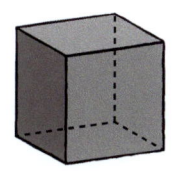

立方體

خشتەک

顏色

ڕەنگەکان

白

سپی

黃

زەرد

橙

پرتەقاڵیی

粉

پەمەیی

紅

سوور

紫

بنەوش

藍

شین

綠

سەوز

棕

قاوەیی

灰

بۆر

黑

ڕەش

反義詞

دژبەرەکان

很多/少許

زۆر / کەم

生氣/平靜

تووڕە / لەسەرەخۆ

美/醜

جوان / ناحەز

首/尾

سەرەتا / کۆتایی

大/小

گەورە / چکۆلە

明/暗

ڕووناک / تاریک

兄弟/姐妹

برا / خوشک

乾淨/骯髒

خاوێن / چڵکن

完整/缺失

تەواو / ناتەواو

白天/晚上

ڕۆژ / شەو

死/生

مردوو / زیندوو

寬/窄

پان / تەنگ

可食用/非食用

خۆش / ناخۆش

邪惡/善良

نەگریس / بەبەزەیی

興奮/無聊

وروژاو / بێزار

胖/瘦

قەڵەو / لاواز

第一/最後

یەکەم / ئاخر

朋友/敵人

دۆست / دوژمن

滿/空

پڕ / خاڵی

硬/軟

ڕەق / نەرم

重/輕

قورس / سووک

餓/渴

برسی / توونی

生病/健康

نەخۆش / سڵامەت

非法/合法

نایاسایی / یاسایی

聰明/愚笨

زیرەک / گەمژە

左/右

چەپ / ڕاست

近/遠

نزیک / دوور

86 反義詞 - دژبەرەکان

新/舊

نوێ / کۆن، بەکارهاتوو

沒有/有些

هیچ شتێک / شتێک

老/幼

پیر / لاو

開/關

هەڵکراو / کوژاوە

打開/闔上

کراوە / داخراو

安靜/吵鬧

بێدەنگ / دەنگی بەرز

富/窮

دەوڵەمەند / هەژار

對/錯

ڕاست / هەڵە

粗糙/光滑

زبر / ساف

傷心/高興

خەمین / خۆشحاڵ

短/長

کورت/ درێژ

慢/快

هێواش / خێرا

濕/乾

تەڕ / وشک

溫暖/涼爽

گەرم / فێنک

戰爭/和平

شەڕ / ئاشتی

數字
ژمارەکان

0	零	سیفر
1	一	یەک
2	二	دوو
3	三	سێ
4	四	چوار
5	五	پێنج
6	六	شەش
7	七	حەوت
8	八	هەشت
9	九	نۆ
10	十	دە
11	十一	یازدە

12

十二

دوازده

13

十三

سێزده

14

十四

چوارده

15

十五

پازده، پانزه

16

十六

شازده

17

十七

حەفدە

18

十八

هەژدە

19

十九

نۆزده

20

二十

بیست

100

百

سەد

1.000

千

هەزار

1.000.000

百萬

میلیۆن

語言

زمانەکان

英語

ئینگلیزی

美式英語

ئینگلیزی ئەمریکی

普通話

چینی ماندارین

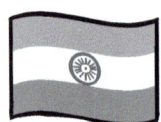

印地語

هێندی

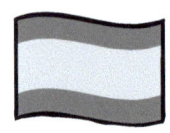

西班牙語

ئیسپانی

法語

فەرەنسی

阿拉伯語

عەرەبی

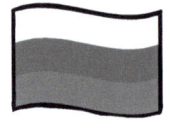

俄語

ڕووسی

葡萄牙語

پۆرتوگالی

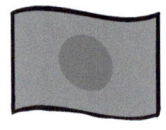

孟加拉語

بەنگالی

德語

ئاڵمانی

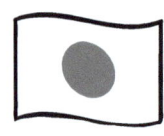

日語

ژاپۆنی

誰/什麼/如何

کێ / چی / چۆن

我

من

你

تۆ

他/她/它

ئەو

我們

ئێمە

你們

ئێوە

他們

ئەوان

誰？

کێ؟

什麼？

چی؟

如何？

چۆن؟

何處？

لەکوێ؟

何時？

کەنگێ؟ کەی؟

名字

ناو

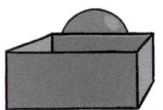

方位

شوێن

後面

لەپشت

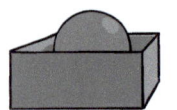

裡面

لە

前面

لەپێش

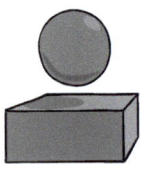

上方

سەری

上面

لەسەر

下麵

ژێر

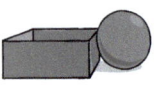

旁邊

لە تەنیشت

中間

لەنێوان

地點

شوێن، جێ